A SA MAJESTÉ

L'EMPEREUR

DE RUSSIE.

Les formalités voulues par la Loi ayant été remplies , je poursuivrai les contrefacteurs selon la rigueur des Lois.

A SA MAJESTÉ

L'EMPEREUR

DE RUSSIE,

Par C***.

PARIS,

CHARLES, Imprimeur, rue Thionville, n°. 36.

CHEZ LES MARCHANS DE NOUVEAUTES.

20 MAI 1815.

A SA MAJESTÉ

L'EMPEREUR DE RUSSIE.

SIRE,

AU commencement de 1814, les événemens de la guerre rendirent Votre Majesté maîtresse de notre capitale. Quelques Français rentrés à la suite des bagages de votre armée, quelques citoyens paisibles qui, froissés par une guerre de vingt ans, désiraient la paix à quelque prix que ce fût, quelques femmes dont les noms figurent dans les fastes des intrigues de l'ancienne cour, firent entendre des cris de *vive le roi*, *vive les Bourbons*.

Votre Majesté fut trompée; on lui persuada que ces cris exprimaient la volonté générale de la nation; et que nos vœux unanimes appelaient au trône l'ancienne dynastie.

Si le véritable peuple français avait pu percer la foule qui entourait Votre Majesté, il eut fait entendre la vérité. Usant de cette confiance qu'elle inspire à tous ceux qui l'approchent, nous aurions pris la liberté de la supplier de considérer, qu'en coopérant au renversement

(4)

du trône de Napoléon, elle commettrait à la fois une injustice et la faute la plus grave contre les règles de la politique.

Napoléon fut long-temps heureux; la postérité, qui parlera de ses exploits, ne contestera pas qu'il fut quelques fois généreux; et sera peut-être étonnée de la rigueur dont on a usé à son égard.

Napoléon empereur a été reconnu par toutes les puissances de l'Europe : quel souverain pourra compter sur un règne de quelque durée, si l'on admet qu'un revers suffit pour le faire descendre du trône? L'ambition qu'on lui reproche, ne saurait légitimer une telle mesure; car la guerre qu'il a faite pendant quinze ans, n'a été que la conséquence inévitable de celle que les puissances déclarèrent à la France en 1792.

Votre Majesté crut, nous n'en doutons pas, faire notre bonheur, en consentant au retour de la maison de Bourbon; la vérité est que les princes de cette famille nous étaient presqu'inconnus. Ce que nous savions tous, c'est que leur sortie de France avait eu pour motif unique leur opposition aux mesures prises en 1789 pour améliorer l'état du royaume; qu'ils étaient allés mendier des soldats dans toute l'Europe, pour maintenir un ordre de choses que Louis xviii avoua depuis ne pas convenir à la France.

Nous savions que ces mêmes princes avaient solennellement protesté contre l'acceptation donnée par Louis xvi à la constitution de 1791.

Nous étions donc fondé à craindre de voir revenir avec eux tous les abus d'un régime sous lequel nos aïeux avaient gémi.

Nos craintes ne purent qu'augmenter, quand nous vîmes Louis refuser le rappel que nous étions censé faire de sa personne au trône de France, et déclarer qu'il régnait depuis vingt ans par droit d'hérédité. Nous examinâmes ce que ses aïeux appelaient leurs droits, et les obligations qu'ils contractaient à leur sacre. Cet examen ne nous laissa plus aucun doute sur l'avenir qui nous attendait.

Par une contradiction inconcevable, Louis consacra dans une charte de réformation, une partie des principes pour lesquels nous combattons depuis vingt ans. Votre Majesté connaît cette constitution, et nous aimons à croire que Louis, en nous la donnant, avait agi de bonne foi ; mais il est certain que tout ce qui l'entourait, n'en voulait pas : on a même prétendu que les princes de la famille royale avaient fait en secret une protestation. Quoiqu'il en soit , Votre Majesté pourra juger combien l'intention particulière du roi a été rendue vaine par les entreprises continuelles des partisans de l'ancién ordre de choses.

Un mois était à peine écoulé depuis la promulgation de la charte , que la liberté de la presse fut suspendue. Cette liberté si nécessaire au peuple et au roi lui-même à cause des notions très-imparfaites qu'il avait des mœurs et des besoins de la nation qu'il était appelé à gouverner, n'exista plus que pour les ennemis de la réformation.

« Des journalistes protégés par les ministres,
» au mépris de l'article qui consacrait l'oubli du
» passé , prêchèrent la vengeance. L'un d'eux
» osa même avancer que *la nation ne devait*
» *pas oublier.* Que dis-je ? Louis xviii lui-
» même, loin d'improuver un pareil écrit, en
» recommanda la lecture à ses courtisans. Un
» autre (M. de Montlozier) publia dans le
» même temps un panégirique de la féodalité
» et de la servitude.

» Les ministres se crurent dispensés de dissi-
» muler plus long-temps ; l'un d'eux fit deux
» parts du peuple français ; prétendit que l'une

» avait suivi la ligne droite, l'autre la ligne
» courbe, faisant ainsi *chorus* avec les pertur-
» bateurs du repos public qui divisaient la tota-
» lité des Français en *purs, demi purs, impurs.*
» Un autre, au lieu d'effacer jusqu'au souvenir
» de nos dissentions civiles, décida qu'on éle-
» verait un monument à Quiberon.

» On rétablit en faveur des jeunes gentils-
» hommes l'ancienne école militaire; et dans
» le même moment, on supprima les maisons
» d'éducation où les orphelines des membres de
» la légion d'honneur étaient élévées. Les hono-
» rables pupilles du peuple français allaient
» être livrées à l'horreur de la misère et de la
» séduction, si le cri de l'indignation générale
» n'eût averti les ministres que la nation ne
» souffrirait pas cette violation sacrilège des lois,
» de la justice et de l'humanité.

Louis XVIII avait promis de s'associer à notre
gloire militaire, et déclaré qu'il regardait les
services rendus à l'Etat comme ayant été
rendus à lui-même. « Cependant les militaires
» furent outragés, des officiers distingués
» furent arrachés des rangs de leurs compa-
» gnons d'armes, et remplacés par des gens
» qui n'avaient servi que contre leur patrie.

» La décoration de la légion d'honneur, cette

» noble récompense des braves, des savans,
» des hommes utiles, fut prodiguée, avilie,
» au point que ceux qui l'avaient légitimement
» obtenue, ne pouvaient plus être distingués
» qu'en ne la portant plus.

» Des vétérans respectables, des héros mu-
» tilés furent renvoyés de l'Hôtel des Invalides,
» et par un calcul barbare, on leur ôta la sub-
» sistance, pour en donner le prix à de nobles
» chevaliers de Saint-Louis.

» Des propriétés acquises de bonne foi, le pa-
» trimoine de la veuve et de l'orphelin, le gage de
» créances légitimes furent ouvertement mena-
» cés : on prêcha le rétablissement des dîmes,
» des droits féodaux. Le champ des pauvres
» allait devenir plus à charge que profitable ; la
» guerre civile enfin allait éclater quand le pre-
» mier mars a lui pour nous. »

La cour s'y préparait, des enrôlemens étaient
faits secrètement ; un homme flétri par les tri-
bunaux formait une légion royale. On a dit,
mais il est impossible de le croire, que cet
homme était porteur d'une commission.

Ce fut dans ces circonstances que Napoléon
rentra sur le territoire français, accompagné de
quelques braves. La cour fut comme frappée
de la foudre, à la nouvelle de ce retour im-

prévu ; en vain elle voulut assembler des troupes, tout le monde fut sourd à cet appel. L'armée réunie à la population, vola de toutes parts au devant de son libérateur. Le voyage de Napoléon, depuis Cannes jusqu'à Paris, fut un triomphe continuel dont l'histoire n'offre pas d'exemple.

La cour abandonnée du peuple et de la noblesse elle-même, se réfugia chez l'étranger. Là, suivant son usage, elle publia que la révolution qui venait de s'opérer était l'œuvre de quelques factieux ; elle prétendit que l'Europe était perdue si la maison de Bourbon n'était pas rétablie sur le trône.

Malheureusement les puissances assemblées à Vienne, mal informées des faits, paraissent avoir pris un parti contraire à la paix. Leurs armées, dit-on, marchent contre la France, et bientôt le sang va couler. Pour comble de malheur, un prince dont les Etats sont éloignés de nos frontières, un monarque dont nous avons admiré les vertus, jusqu'à porter envie, peut-être, aux peuples de son vaste empire, l'empereur Alexandre enfin, est au nombre de nos ennemis.

Que ne peut-il un instant se dérober à la cour qui l'entoure, parcourir la France, en-

tendre toutes les classes de la société, il connaî-
trait la vérité, et bientôt, loin de vouloir com-
battre le peuple français, il en deviendrait le
plus fidèle allié.

Nous dirions à Sa Majesté que le congrès
de Vienne, en déclarant qu'il ne veut faire la
guerre qu'à Napoléon, nous attache à lui par
de nouveaux liens. L'honneur en effet nous
permet-il d'abandonner un chef qui s'est confié
à notre foi, qui d'ailleurs veut prendre pour
règle de son gouvernement une constitution
qui doit à la fois garantir notre liberté et le repos de l'Europe? Nous! abandonner Napoléon!
le vainqueur de l'anarchie, le restaurateur de
nos autels! L'abandonner, quand nous lui
devons les lois qui nous régissent? Pourrions-
nous donc oublier qu'il a fait fleurir l'agricul-
ture au point que les revenus territoriaux sont
doublés, qu'il a creusé des canaux, construit
des greniers d'abondance, encouragé les arts,
élevé des monumens, porté l'industrie à un tel
degré de perfection, que nos fabriques peuvent
rivaliser avec toutes celles des autres nations.
Nous avons pu peut-être en 1814, accablés sous
le poids du malheur, tourner nos regards vers
un autre prince dans l'espoir de jouir d'un
avenir meilleur; mais abandonner Napoléon

quand il est menacé ! Sire, nous en appelons à Votre Majesté, le pourrions-nous sans nous avilir ?

Nous savons quelle est la position de Napoléon à l'égard de l'Europe, depuis l'abdication qu'il fit en 1814 ; mais, Sire, la nation s'assemble suivant l'antique usage de nos aïeux. Si elle consent à l'élever une seconde fois sur le parois, si le pouvoir qu'elle lui confiera, suffisant pour faire respecter notre indépendance, ne l'est pas pour troubler l'étranger, l'Europe pourra-elle se plaindre ?

La sagesse, le patriotisme, la conscience du bon droit exigeaient que ceux des Français qui appellent sur leur patrie les fléaux de la guerre, attendissent les décrets qui vont être rendus. Le tribunal qui va prononcer ne peut être suspect ; il est composé de tous les grands propriétaires, de tous les Français à qui le bonheur et la prospérité de la France importent le plus. Espérons que ces Français abusés ne parviendront pas à faire partager leur fureur aux souverains de l'Europe.

Dans tous les cas, je dois le dire à Votre Majesté ; la guerre, si elle a lieu, sera des plus meurtrieres ; la population entière est en armes, l'armée, les propriétaires de biens nationaux,